시인의 말

윤동주와 송몽규의 죽마고우일 뿐만 아니라
이 나라의 민주와 통일을 위하여
생을 바친
북간도 출신
늦봄 문익환의 정신을 기리기 위하여
늦봄문익환학교가 강진에 태어난 지 오래다

윤동주, 송몽규, 문익환을 기리는
기념관이
늦봄문익환학교 내에 있으면 좋겠다

2025년 여름
일속산방방에서
작시치 김재석

차례

늦봄문익환학교

시인의 말

1부

자화상 13
강진이 늦봄문익환학교를 챙기다 14
늦봄문익환학교 16
늦봄문익환학교 18
늦봄문익환학교 20
늦봄문익환학교가 다산초당과 교유하다 22
늦봄문익환학교의 머릿속엔 북간도가 똬리 틀고 있다 24
늦봄문익환학교와 나 26
늦봄문익환학교를 만나다 28
늦봄문익환학교의 봄 30
늦봄문익환학교의 여름 32
늦봄문익환학교의 가을 34
늦봄문익환학교의 겨울 36
늦봄문익환학교가 슬겁다 38
늦봄문익환학교가 별들에게 이름을 붙여 불러 준다 40
늦봄문익환학교를 눈발이 가만두지 않는다 42
다산초당 다녀오는 길에 늦봄문익환학교를 만나다 44

늦봄문익환학교

2025

늦봄문익환학교

- 백련사

김재석 시집

사의재

2부

백련사 동백숲이 가만있지 않는다 49
백련사 동백숲은 보디빌딩 대회장이다 50
백련사 홍매화가 내가 올 줄 알고 얼굴을 내밀었다 52
봄날 백련사 동백숲에서 54
백련사 동백숲에 불법이 쏟아진다 58
백련사 비자림에서 60

3부

강진은 영랑생가를 중심으로 돈다 63
영랑생가는 나의 멘토다 64
은행나무 수나무가 능소화꽃을 피우다 66
배롱나무가 용트림을 하고 있다 68
들독이 나에게 눈길을 보내다 70
봄날 영랑생가에서 72
동백꽃똥구멍쪽쪽빠는새 74
살구꽃에 한눈팔아도 동백꽃에 한눈팔아도 76
살구나무와 자두나무가 눈빛을 주고받다 78
왜 영랑은 영랑생가 사랑채에서 열린 시 창작대회에서 쓴 '모란이 피기까지는'이란 시를 손바닥에 비벼 쓰레기통에 던지려 했을까 80
영랑생가에서 나대고 설치는 이는 직박구리와 까치다 82
모란동백 84

봄날 영랑생가에서 85

봄밤 88

동백꽃과 모란이 나에게 속을 보이다 90

모란과 동백 92

은행나무와 살구나무가 부동이화 중이다 94

영랑생가가 가을을 타다 96

겨울 감나무 98

시문학파기념관에 시꽃이 만발하다 100

영랑생가와 시문학파기념관은 한통속이다 102

눈 내리는 영랑생가 104

눈 내리는 현구생가 106

다시 태어난 현구생가가 코를 킁킁거리다 108

다시 태어난 현구생가와 의기투합할 수밖에 110

다시 태어난 현구생가에게 면목없다 112

더위가 품위에 앞서다 115

시문학답사일번지인 시문학파기념관이 혼잣말하다 116

4부

모란다방 121

강진미술관은 물건이다 122

동광당 124

구강식당 126

탑동 128

나의 유아기가 삼세의원에게 신세지다 130

평동이발관 132
보리수식당 134
호수공원은 신기한 보석상이다 136
버버리깎음과 이야기를 나누려면 수화를 배워야 한다 138
군내버스 140
사의재가 밤이 깊도록 엎치락뒤치락하다 142

1부

자화상
   - 서시

내가 한 권의 책이라면
다소 오자가 발견되는,
남이 별로 펼쳐보지 않은 책일 것이다

내가 항아리라면
잘 만들어지지도
잘못 만들어지지도 않은 항아리일 것이다

내가 한 그루 나무라면
엄나무나
옻나무는 죽어도 아닐 것이다

내가 한 마리 새라면
뻐꾹새처럼
진득한 새는 아닐 것이다

근데
내가 한 마리 짐승이라면
어떤 짐승일까

그야말로
야수들에게 쫓기는
순한 짐승은 아니었으면 좋겠다

강진이 늦봄문익환학교를 챙기다

지나간 미래가
북간도 명동촌 명동학교인
늦봄문익환학교를 강진이 챙겼다

늦봄문익환학교의 멘토 아닌 멘토는
북간도 명동촌 명동학교다

윤동주,
송몽규,
문익환,
나운규를 낳은
북간도 명동촌 명동학교를
늦봄문익환학교는 닮고 싶은 것이다

김동환의 『국경의 밤』을
졸업선물로
학생들에게 준
북간도 명동촌 명동학교

북간도 명동촌 명동학교가 낳은,
민주는 민중의 부활이요

통일은 민족의 부활이다는
문익환을 기리는
늦봄문익환학교

지나간 미래가
북간도 명동촌 명동학교인
늦봄문익환학교를 강진이 챙겼다

늦봄문익환학교

늦봄문익환학교가
백련사 가는 길에
얼굴 내민 것은 우연이 아니다

백련사는
다산초당으로 마실을 나가고
다산초당은
백련사로 마실을 나가는 사이다

늦봄문익환학교,
늦봄문익환학교는
놀아도
다산초당과 생각을 주고받은
백련사와 놀고 싶은 것이다

백련사와 노는 것은
다산초당과 노는 것과 다름없다

백련사 역시
늦봄문익환학교와
가까이 지내고 싶은 것이다

늦봄문익환학교가
백련사 가는 길에
얼굴 내민 것은 우연 아닌 필연이다

늦봄문익환학교

이따금
늦봄문익환학교의 밤하늘에
얼굴 내밀었다가 사라지는
별이 있다

그 별이
혼자 얼굴 내미는 게 아니라
몇몇 별을 대동하고
얼굴 내민다

보나 마나 말하나 마나
생을 마친
문익환이 별이 돼
얼굴 내민 것이다

진즉 별이 된
윤동주, 송몽규가,
김정우가
문익환을 따라나선 것이다

이따금

늦봄문익환학교의 밤하늘에
얼굴 내밀었다가 사라지는
별들은 우정이 깊다

늦봄문익환학교

백련사 얼굴 마담인 백일홍을 보고
돌아가는 길에 들른
늦봄문익환학교가
나를 보고
눈이 휘둥그레진다

눈만 휘둥그레진 게 아니라
코도 쿵쿵거리는
이유를 나는 안다

지난 해
북간도에 다녀온 내 몸에서
명동촌과 용정의 냄새가
묻어 있어서다

코를
조금 쿵쿵거리는 게 아니라
되게 쿵쿵거린다

못 말리는
늦봄문익환학교

늦봄문익환학교는
북간도,
용정,
명동이란 말만 나아도
눈시울이 뜨거워질 것이다

늦봄문익환학교가 다산초당과 교유하다

늦봄문익환학교가 다산초당과 교유하고 있다

예나 지금이나
실사구시 이용후생에 꽂힌
다산초당과 교유하는
늦봄문익환학교는 생각이 넓고 깊다

백련사를 대동하고
다산초당을 만날 때도 있고
홀로
다산초당을 만날 때도 있다

부동이화不同而和는
백련사,
다산초당,
늦봄문익환학교
셋이 가깝게 지내는 걸 두고 하는
말이라 해도 과언이 아니다

추구하는 바가
백련사,

다산초당,
늦봄문익환학교가
확연히 다른 데도
서로 잘 지내는 걸 보면
놀랍다

늦봄문익환학교가 다산초당과 교유하고 있다

늦봄문익환학교의 머릿속엔 북간도가 똬리 틀고 있다

늦봄문익환학교의
머릿속엔
북간도가 똬리 틀고 있다

북간도 중에서도
용정과
명동촌을 중심으로 똬리 틀고 있다

용정은 용두레를 중심으로
명동촌은
명동학교와
문익환 생가와
윤동주 생가와
송몽규 생가를 중심으로 똬리 틀고 있다

주야로 얼굴 내미는
해와 달 그리고 별들과
동고동락한
북간도의 하늘이 똬리 틀고 있다

북간도의

맑은 하늘만 똬리 튼 게 아니라
비바람 부는 날도
눈보라치는 날도……

늦봄문익환학교의
머릿속엔
북간도의 다가온 과거보다
북간도의 지나간 미래가 똬리 틀고 있다

늦봄문익환학교와 나

늦봄문익환학교가
나를 가만두지 않는 줄 알았더니
내가
늦봄문익환학교를 가만두지 않고 있다

항일무장투쟁유적지를 다녀온
내 몸에서
북간도 냄새가 난다는 걸
뒤늦게 알았다

내가
늦봄문익환학교를 찾았을 때
늦봄문익환학교가 코를 킁킁거린 이유를
처음엔 알지 못하였다

백련사와
다산초당과
해월루와 의기투합한
늦봄문익환학교

늦봄문익환학교가

나를 가만두지 않는 줄 알았더니
내가
늦봄문익환학교를 가만두지 않고 있다

늦봄문익환학교를 만나다

윤동주 시집을 들고 늦봄문익환학교를 만난다

늦봄 문익환 시집을 들고 만나야 할
늦봄문익환학교를
윤동주 시집을 들고 늦봄문익환학교를 만나는 건
예의에 벗어난 행동이라는 걸 내가 몰라서
그런 게 아니다

윤동주 시집을 들고 나타난 나에게
늦봄문익환학교가 인상을 구길 것 같지만
절대로 구기지 않는다

그리운 건 북간도 명동촌에 있는
늦봄문익환학교와 내가
윤동주 시집을 함께 읽는다

마음을 굳게 먹으려 해도
마음대로 되지 않은
늦봄문익환학교의 눈시울이 뜨거워지고
나의 눈시울이 뜨거워진다

둘이서 함께
'쉽게 쓰여진 시'를 읽다가
곧 쏟아질 것 같은 눈물을 쏟지 않으려
내가 허벅지를 꼬집는다

늦봄문익환학교는 쏟아지려는 눈물을
어떻게 참아내는지
모르겠다

윤동주 시집이 눈물에 젖지 않도록
윤동주 시집을
늦봄문익환학교와 함께 읽은 뒤에
돌아간다

늦봄문익환학교의 봄

민주와 통일에 꽂힌
늦봄문익환학교의 봄은 구강포를 건너 온다

바다 냄새가 묻어 있는
늦봄문익환학교의 봄은
백련사보다 언제나 한발 앞서 온다

백련사에
매화가
동백이 얼굴 내밀기 직전에
늦봄문익환학교에 봄이 온다

백련사의 봄은
늦봄문익환학교의 봄을 징검다리 삼는다

늦봄문익환학교에
바다 냄새가 묻어 있는 봄이
남녘에서 가장 빨리 와도
늦봄문익환학교는
개명할 생각이 머리에 없다

한번
늦봄문익환학교는
영원한 늦봄문익환학교다

민주와 통일을 밝히는
늦봄문익환학교의 봄은 구강포를 건너 온다

늦봄문익환학교의 여름

더위를 이기는 방법이 다를 뿐
땡볕에
숨을 헐떡거리는 건
예외가 없다

개처럼
혓바닥을 내놓고
숨을 헐떡거리는 이들도 있다

백련사는
배롱나무꽃으로 더위를 이기고
다산초당은
석가정, 석가정에 뛰어드는 물소리로
더위를 이긴다

늦봄문익환학교,
늦봄문익환학교는
뭘로
더위를 이기나

겨울을 나기 위하여

잘라 논 통나무도
숨을 헐떡이는
늦봄문익환학교

민주와 통일의 꽃이
이 땅에
만개하는 데 일조하기 위해
남녘에 얼굴 내민
늦봄문익환학교는
더위를 어떻게 이기나

일본 후쿠오카 감옥에서
생체실험의 희생양으로
생을 앞당긴
윤동주와 송몽규를 생각하며
더위를 이길 수도 있다

더위를 이기는 방법이 다를 뿐
땡볕에
숨을 헐떡거리는 건
예외가 없다

늦봄문익환학교의 가을

나뭇잎들이
해와 달 별빛을 챙긴 게 들통나기 시작하는
늦봄문익환학교의 가을은
백련사에 가을이 온 바로 뒤에
온다

늦봄문익환학교의 봄은
백련사보다 언제나 먼저 오고
늦봄문익환학교의 가을은
백련사보다 언제나 나중에 온다

봄도
가을도
백련사보다 먼저 오는
늦봄문익환학교는 없다

늦봄문익환학교는
가을밤,
가을밤에
밤하늘의 별을 헤는 습성이 있다

아무 별이나 헤는 게 아니라
늦봄문익환학교에 꽂힌
별들을 헤는 것이다

늦봄문익환학교가 이름을 붙여 준
늦봄문익환학교에 꽂힌
별들

동주,
몽규,
정우

나뭇잎들이
해와 달 별빛을 챙긴 게 들통나기 시작하는
늦봄문익환학교의 가을은
백련사에 가을이 온 바로 뒤에
온다

늦봄문익환학교의 겨울

늦봄문익환학교의 겨울은
지지않는 연꽃인 백련사보다
조금 늦게 온다는 걸 모르는
먼 걸음을 한 길들은 없다

없는 듯이
오붓한 곳에 있는
늦봄문익환학교의 지나간 미래가
북간도 명동촌 명동학교인 걸 감안하면
늦봄문익환학교는
겨울을 누구보다 잘 이겨낸다

늦봄문익환학교의 지나간 미래가
북간도 명동촌 명동학교인 걸 아는
먼 걸음을 한 길들은
그다지 많다가 아니라
거의 없다

북풍한설과 가까이 지낸
일제강점기 독립운동의 본거지인
북간도 명동촌이 낳은

민주와 통일에 꽂힌
늦봄 문익환을 기리기 위해서 태어난
늦봄문익환학교

안중근 의사가
하르빈에서
동양의 평화를 위해서
이토 히로부미를 단죄하기 전에
사격 연습을 하도록 뒤에서 밀어준
명동촌을 빼고 생각할 수 없는
늦봄문익환학교

늦봄문익환학교가
지지않는 연꽃인 백련사보다
겨울을 더 잘 이겨내는 건
늦봄문익환학교의 몸 속에
북풍한설과 가까이 지낸
일제강점기 독립운동의 본거지인
북간도 명동촌의 디엔에이가 박혀 있어서다

늦봄문익환학교가 슬겁다

북간도 명동촌이 낳은
늦봄 문익환의 정신을 기리기 위해서
남녘에 태어난
늦봄문익환학교가 슬겁다

영원히 지지않는 연꽃인 백련사와
과골삼천 다산초당과 가까이 지내기 전부터
늦봄문익환학교의 뇌리 속엔
민주와 통일이 각인되어 있었다

태어날 때부터
남다른 생각을 하고 태어난
늦봄문익환학교의
지나간 미래는 북간도 명동학교다

조선의 자주독립을 위하여
생을 다 바친
북간도 명동학교의 바통을
늦봄문익환학교가 받은 것이다

남녘에 태어난 늦봄문익환학교가
누구인지 알고자 하면
늦봄 문익환이

누구인지 먼저 알아야 한다

일본의 후쿠오카 감옥에서
생체실험의 희생양이 된
윤동주와 송몽규을 빼놓고 생각할 수 없는
늦봄 문익환

유신치하에서 의문사한
돌베개 장준하를
머릿속에서 지워 본 적 없는
늦봄 문익환

이 땅의 민주와 통일을 위하여
감옥을 제 집 드나들듯 드나들고
김일성과 맞짱을 뜨기도 한
늦봄 문익환

북간도 명동촌이 낳은
늦봄문익환학교의 정신을 기리기 위해서
남녘에 태어난
늦봄문익환학교는 슬겁다,
많이

늦봄문익환학교가 별들에게 이름을 붙여 불러 준다

북간도
명동학교의 바통을 받은
늦봄문익환학교가
별들에게
이름을 붙여 불러준다

별들의 이름은
윤동주,
송몽규,
김정우

별들에게
이름만 붙여 주고
그냥 바라보기만 하는 게 아니고
이름을 불러 준다

동주야,
몽규야,
정우야

김동환이 낳은

『국경의 밤』이 졸업 선물인
명동학교 때
친구들

북간도가 그리운
늦봄문익환학교가
별들에게
이름을 붙여 불러 준다

늦봄문익환학교를 눈발이 가만두지 않는다

남녘에 태어난
지나간 미래가
북간도 명동학교인
늦봄문익환학교를 눈발이 가만두지 않는다

여름을 잘 이기기도 하지만
겨울을 더 잘 이기는
늦봄문익환학교가 눈발 속에 지워질 정도다

눈발 속에 지워질 정도인
늦봄문익환학교가
눈발 속에 끄떡없는 이유는
늦봄문익환학교의 몸속에
북간도가 흐르고 있어서다

일제강점기 조선의 독립을 위하여
동분서주한 북간도,
북간도가
늦봄문익환학교의 몸속에 흐르고 있는 것을

늦봄문익환학교의 몸속에 흐르고 있는

북간도 중에서
명동촌과 용정이
가장 앞자리를 차지하고 있는 것을

명동학교 졸업선물인 김동환의 『국경의 밤』에
백석의 『사슴』에
이용악의 『오랑캐꽃』에
윤동주의 『하늘과 바람과 별과 시』에 꽂힌
늦봄문익환학교

남녘에 태어난
북간도 명동학교의
다가온 과거인
늦봄문익환학교를 눈발이 가만두지 않는다

다산초당 다녀오는 길에 늦봄문익환학교를 만나다

구월의 마지막 날
백련사 다녀오는 길이 아니라
마음을 다잡으려
다산초당 다녀오는 길에
민주와 통일에 목을 맨 늦봄문익환학교를 만났다

꽃무릇으로 나를 맞이하는
늦봄문익환학교에게
첫눈이 오기 전에
한번 다녀가라는
다산초당의 안부를 전하였다

다산초당을 뵌 지 꽤 됐다는
늦봄문익환학교가
뜬금없이
유월에 파크빌 꽃밭에서 만난 비비추를
구월의 마지막 날에 만나게 하니
황당할 수밖에

늦봄문익환학교가
생각에 잠긴

늦봄문익환과
그의 아내 박용길 장로의 동생과 시비들을
그리고 때를 기다리는 꽃나무들을
내 앞에 들이댄다

오늘밤
누가 시키지 않아도
밤하늘의 별을 보며
동주야, 몽규야, 정우야를 부를
늦봄문익환학교

구월의 마지막 날
백련사 다녀오는 길이 아니라
마음을 다잡으려
다산초당 다녀오는 길에
민주와 통일에 목을 맨 늦봄문익환학교를 만났다

2부

백련사 동백숲이 가만있지 않는다

지지 않는 연꽃인
백련사
동백숲이 가만있지 않는다

삐리리리~ 찌찌찌찌~

까악~ 까르르르르~

삐삐삐~ 찌찌찌~

짹짹짹~ 찌르르르~

휘유~ 휘이~

찌찌찌~ 쪼로로~

구구팔십일~ 구구팔십일~

쪽쪽~ 쪽쪽

지지 않는 연꽃인
백련사
동백숲이 나를 가만두지 않는다

백련사 동백숲은 보디빌딩 대회장이다

동백숲으로 잘나가는
백련사
동백숲은 보디빌딩 대회장이다,
누가 봐도

대회에 참가한,
근육을 자랑하는
크고 작은 동백나무들에게
주어질 상이 다양하다

-미스터 백련사,
미즈 백련사

-체급별 우승자

-클래스 챔피언

-종합우승자

-포징상,
인기상,
신인상,
심사위원 특별상

심사위원장은 대웅보전,
심사위원은
지장전,
천불전,
산신전

을사년에는
다양한 상들을 누가 받고
상 중에
누가
미스터 백련사,
미즈 백련사로 뽑힐지 궁금하다

미스터 백련사,
미즈 백련사가 바뀐 해도 있고
바뀌지 않은 해도 있다

동백숲으로 잘나가는
백련사
동백숲은 보디빌딩 대회장이다.
누가 보지 않아도

백련사 홍매화가 내가 올 줄 알고 얼굴을 내밀었다

동백꽃똥구멍쪽쪽빠는새인 내가
백련사 동백꽃 만나러 갔는데
나를 반갑게 맞이하리라 생각한
동백꽃은 별로 얼굴 내밀지 않고
백련사 홍매화가 나를 보고
어쩔 줄을 모른다

백련사 홍매화가
내가 올 줄 알고 얼굴을 내밀었다는 말을
내가 뱉지 못하는 것은
내가 올 줄 알고
백련사 홍매화가 얼굴 내밀었다면
어쩔 줄 몰라 할 리가 없다

내가 올 줄 알고
백련사 홍매화가 얼굴 내밀었다고 해서
반드시
어쩔 줄 몰라 하지 말란 법은 없다는 생각이
나를 가만두지 않기도 하는 것은
모든 게 해석이어서다

홍매화가 자신을 배경으로
인증 샷을 날리는
먼 걸음을 한 길들 중의 하나인
나를 위하여
무척 신경을 쓰고 있다는 생각 역시
나를 가만두지 않는다

동백꽃똥구멍쪽쪽빠는새인 내가
백련사 동백꽃 찾았는데
나를 반갑게 맞이하리라 생각한
동백꽃은 별로 얼굴 내밀지 않고
백련사 홍매화가 나를 보고
정신을 못 차린다

봄날 백련사 동백숲에서

봄날
동백꽃똥구멍쪽쪽빠는새인 내가
코를 쿵쿵거리며
백련사 동백숲을 찾았다

동백숲을 찾자마자
동백숲에 쏘다니는
직박구리, 동박새, 박새, 곤줄박이
노랑턱멧새 못지않게 동백숲을 쏘다니며
동백꽃 똥구멍을 쪽쪽 빤다

동백꽃 똥구멍을
무턱대고 쪽쪽 빠는 게 아니라
내 마음의 어딘 듯 한편에 끝없는 강물이 흐르네를
쪽 쪽쪽쪽 쪽쪽 쪽 쪽쪽쪽 쪽쪽쪽 쪽쪽쪽 쪽쪽쪽으로
낭송하며
동백꽃 똥구멍을 쪽쪽 빨기도 하였다

오늘은
동백꽃 똥구멍을 쪽쪽 빨면서
남의 시를 낭송할 게 아니라

한 수 더 떠
백련사 동백숲에 관한
시를 한 편 건져야겠다는 생각을 한다

동백꽃 똥구멍을 쪽쪽 빨면서
쪽쪽으로 한 편의 시를 건진다는 게
쉬운 일이 아닐 뿐만 아니라
어떤 일이든
한꺼번에 두 가지 일을 하다간
사고 나기 십상임에도 불구하고
그러한 시도를 하려는 나는
못말려다

먼저
동백꽃 똥구멍을 쪽쪽 빨면서
시의 제목을 떠올려야 하는데
동백꽃 똥구멍을 쪽쪽 빨면서
식상하지 않은
고리타분하지 않은
시의 제목을 떠올리기가
쉽지 않다

가까스로
머리에 떠오르는
시의 제목은
백련사 동백꽃 송이송이마다 반야심경이 묻어 있다,
백련사 동백숲에 법화경이 쏟아진다,
백련사 동백숲은 헬쓰장이다,
백련사 동백숲은 보디빌딩 대회장이다인데
모두 다 서술형이다

시의 제목을
백련사 동백숲에 법화경이 쏟아진다로
정하고
동백꽃 똥구멍을 쪽쪽 빨면서
쪽쪽쪽 쪽쪽쪽쪽 쪽쪽쪽쪽 쪽쪽쪽쪽
쪽쪽으로 제목을 달고
쪽쪽으로 시를 건지려는데
첫줄부터 막힌다

백련사 동백숲에서
한 편의 시를 건지기 전에는
백련사 동백숲을 결코 떠나지 않으리라

다짐을 한다

봄날
동백꽃똥구멍쪽쪽빠는새인 내가
코를 킁킁거리며
백련사 동백숲을 찾았다가
쏘다니는
직박구리, 동박새, 박새, 곤줄박이
노랑턱멧새를
안중에 두지 않고
동백꽃똥구멍을 쪽쪽 빨면서
쪽쪽으로
한 편의 시를 건지려고 안간힘을 쏟다

백련사 동백숲에 불법佛法이 쏟아진다

동백꽃똥구멍쪽쪽빠는새인 나와
가까이 지내는
백련사 동백숲에 불법이 쏟아진다

쏟아지는 불법이
더럽혀지지 않도록
백련사 동백숲이 신경을 쓴다

오래전에
백련사 동백숲에 쏟아진,
동백잎이 챙긴
불법은
이미 동백꽃으로 얼굴 내밀었다

지금
백련사 동백숲에 쏟아지는
동백잎이 챙기는 불법은
나중에 동백꽃으로 얼굴 내밀 것이다

여러 개의 꽃잎이 의기투합하여
태어난

동백꽃 송이송이는
모두 다 불법으로 이루어져 있다

모두 다 불법으로 이루어진
동백꽃 송이송이가 매달려 있는
동백나무 한 그루 한 그루는
한 권의 경전이다

경전으로 이루어진 백련사 동백숲이
장경각인 걸 눈치챈
먼 걸음을 한 길은
동백꽃똥구멍쪽쪽빼는새인 나 외에
또 누가 있을까

동백꽃똥구멍쪽쪽빼는새인 나와
가까이 지내는
백련사 동백숲에 불법이 쏟아진다,
막무가내

백련사 비자림에서

쏴 쏴 쏴 쏴 쏴 쏴 쏴 쏴
쏴 쏴 쏴 쏴 쏴 쏴 쏴 쏴

무얼 쏘란 말인지

나보고
술 한 잔 쏘란 말인가

쏴 쏴 쏴 쏴 쏴 쏴 쏴 쏴
쏴 쏴 쏴 쏴 쏴 쏴 쏴 쏴

무얼 쏘란 말인지

나보고
시 한 편 쏘란 말인가

3부

강진은 영랑생가를 중심으로 돈다

누가 봐도
강진은 영랑생가를 중심으로 돈다

영랑생가 빼면 강진은 시체다

그냥 영랑생가가 아니라
강진시문학파기념관과
세계모란공원을 거느린
영랑생가다

영랑생가가 아니었으면
강진시문학파기념관과
세계모란공원은
이 세상에 얼굴 내밀지 않았을 것이다

강진시문학파기념관과
세계모란공원을 거느리지 않았어도
강진은 영랑생가를 중심으로 도는데
강진시문학파기념관과
세계모란공원을 거느렸으니……

누가 보지 않아도
강진은 영랑생가를 중심으로 돈다

영랑생가는 나의 멘토다

강진의 저명인사 중의 저명인사인
영랑생가는 나의 멘토다

시가 안 풀릴 때마다
내가 찾으면
시가 풀리게 해 준다

시가 풀리게 해 주니
내가 영랑생가를 찾지 않고
배길 수 없을 수밖에

시만 풀리게 해 주는 게 아니고
내가 갈 길이 어려울 때 찾으면
내가 도움을 청하지 않아도
해결의 실마리가 떠오르게 한다

티내지 않고
생색내지 않고
만사를 풀리게 해 주는
영랑생가

강진의 저명인사 중의 저명인사인
영랑생가는 나의 멘토다

은행나무 수나무가 능소화꽃을 피우다
 - 영랑생가

은행나무 수나무가 능소화꽃을 피웠다

변괴,
변괴란 말을 들을까 무섭다

은행나무 수나무가
능소화꽃을 피운 지 오래다

은행나무 수나무와 능소화가 함께한
세월이 몇 해인지
말할 수 있는 이는
아무도 없을 정도로
오랜 세월 함께하였다

불륜,
불륜이란 말도 떠돌았다

능소화는 탄탄대로의 길을 걸어도
은행나무 수나무는 많이 힘들 거라는 말도
들렸다

은행나무 암나무가 질투하지 않는다면
은행나무 암나무가 상처받지 않는다면
거짓말이다

은행나무 수나무가 능소화꽃을 피웠다

배롱나무가 용트림을 하고 있다
　- 영랑생가

배롱나무가 용트림을 하고 있다

다들
더위 먹어 축을 못 쓸 때
배롱나무는 축을 쓴다

대지가 용트림하는
배롱나무를 붙드느라
안간힘을 쓴다

먼 걸음을 한
다른 길들의 눈에는
보이는가 몰라도
내 눈에는 잘 보인다

배롱나무는
대지를 뿌리치고 날아오르려 하고
대지는
배롱나무를 붙들고 놔주지 않는다

배롱나무가 용트림을 하는 게 아니라

이미
대지와 함께 날고 있는지도 모른다

들독이 나에게 눈길을 보내다
- 영랑생가

문턱이 닳아지도록
영랑생가를 드나든 내가
알아보지 못한
들독이 나에게 눈길을 보낸다

영랑생가에 얼굴 내민
수목과 사물들을
노래할 대로 노래한 내가
자신을 빠뜨린 것에 대하여
들독이
유감을 표명할 줄 알았는데
그게 아니다

자신이
누구인지 말할 수 있는 자는
세상에 많지 않다는 걸
들독은 잘 알고 있다

들독이
카메라를 들이대는 나에게
눈빛으로
자신을 소개하지 않으면
나도 들독이

누구인지 말할 수 없을 것이다

자신을 들어올려
어깨 너머로 던질 수 있는 이는
어른 머슴이요
어깨 너머로 던질 수 없는 이는
애기 머슴이란다

들독이 나보다
자신을 들어올려
어깨 너머로 던져보라 하지 않는 건
내가 약골이어서가 아니라
내가 머슴살이할 인물이 아니어서인가

나에게 눈길을 보낸
들독이
나를 붙들고 자신을 소개한 건
자신을
노래해 주기를 바라서인지 모른다

구태의연한 방법이 아닌
모던한 방법으로
들독을 노래해야겠다

봄날 영랑생가에서

담장을 사이에 두고
자두꽃과
살구꽃이 눈빛을 주고받는 걸 보고
동백꽃이 마음이 편할까

자두꽃과
동백꽃 사이에 불상사가 일어나면
살구꽃이 인척간인
자두꽃의 편을 들지
동백꽃의 편을 들 리가 없다

살구꽃과
동백꽃 사이에 불상사가 일어나면
자두꽃 역시 인척간인
살구꽃의 편을 들지
동백꽃의 편을 들 리가 없다

살구꽃이
자두꽃이
자기의 편을 들어주지 않는다고
동백꽃이 불만을 토했다는

이야기를 들어본 적이 없다

피가 섞인
자두꽃이
살구꽃이 각자
피 한 방울 섞이지 않는
동백꽃과 불상사가 생겼을 때 자두꽃이
살구꽃이 서로 편을 들어주는 걸
동백꽃은 당연히 여길 것이다

자두꽃이
살구꽃이
서로 가까이 있지 않았더라면
자두꽃이 동백꽃과
살구꽃이 동백꽃과
서로 눈빛을 주고받으며 지낼 텐데……

담장을 사이에 두고
자두꽃과
살구꽃이 눈빛을 주고받는 걸 보고
동백꽃이 마음이 편하지 않으면
어쩔 것인가

동백꽃똥구멍쪽쪽빠는새
  - 영랑생가에서

쪽쪽 쪽쪽 쪽쪽 쪽쪽 쪽쪽 쪽쪽

안채 뒤
동백꽃만 귀를 곤두세우는 게 아니다

쪽쪽 쪽쪽 쪽쪽 쪽쪽 쪽쪽 쪽쪽

장광 옆
살구꽃도 귀를 곤두세운다

쪽쪽 쪽쪽 쪽쪽 쪽쪽 쪽쪽 쪽쪽

담장 너머
자두꽃도 귀를 곤두세운다

쪽쪽 쪽쪽 쪽쪽 쪽쪽 쪽쪽 쪽쪽

동백꽃 중에는
살구꽃 중에는
자두꽃 중에는
귀를 곤두세우기만 하는 게 아니라
소리 나는 쪽으로
고개를 돌리다가 떨어지는 이들도 있다

쪽쪽 쪽쪽 쪽쪽 쪽쪽 쪽쪽 쪽쪽

동백꽃은 모감지째 바로 떨어지지만
살구꽃은
자두꽃은
한 잎 한 잎 꽃잎이
제 몸을 가누지 못하며 떨어진다

쪽쪽 쪽쪽 쪽쪽 쪽쪽 쪽쪽 쪽쪽

뒷마당을 도배한
모감지째 떨어진 동백꽃을
앞마당 장광 옆을 도배한
한 잎 한 잎 제 몸을 가누지 못하며 떨어진
살구꽃잎을 피해 가는 나의 걸음걸이가
누가 봐도 애매할 것이다

쪽쪽 쪽쪽 쪽쪽 쪽쪽 쪽쪽 쪽쪽

직박구리와 동박새의 눈 밖에 나지 않으려고
내가 신경 쓰는 걸
직박구리와 동박새가 알아줬으면 좋겠다

살구꽃에 한눈팔아도 동백꽃에 한눈팔아도
- 영랑생가에서

쪽쪽 쪽쪽 쪽쪽 쪽쪽 쪽쪽 쪽쪽

동백꽃똥구멍쪽쪽빠는새인 내가
살구꽃에 한눈팔면
동백꽃이 질투해야 하는데
동백꽃이 질투하지 않는 건
내가 별 볼 일 없어서일 수도 있다

쪽쪽 쪽쪽 쪽쪽 쪽쪽 쪽쪽 쪽쪽

동백꽃똥구멍쪽쪽빠는새인 내가
동백꽃에 한눈팔면
살구꽃이 질투해야 하는데
살구꽃이 질투하지 않는 건
내가 별 볼 일 없어서일 수도 있다

쪽쪽 쪽쪽 쪽쪽 쪽쪽 쪽쪽 쪽쪽

내가 별 볼 일 없어서가 아니라면
부동이화 중인
동백꽃이

살구꽃이 너그러워서일 것이다

쪽쪽 쪽쏙 쏙쪽 쪽쪽 쪽쪽 쪽쪽

내가 별 볼 일 없어서도 아니고
동백꽃이
살구꽃이 너그러워서도 아닌
또 다른 이유가 있을까

쪽쪽 쪽쪽 쪽쪽 쪽쪽 쪽쪽 쪽쪽

살구꽃이
동백꽃이 질투하지 않는 건
내가 별 볼 일 없어서가 아니라
살구꽃이
동백꽃이 너그러워서 그랬으면 좋겠다

쪽쪽 쪽쪽 쪽쪽 쪽쪽 쪽쪽 쪽쪽

누구도
못 말리는
나

살구나무와 자두나무가 눈빛을 주고받다
 - 영랑생가에서

꽃이 만개한
영랑생가 살구나무와
영랑빌라 자두나무가
담장을 사이에 두고 눈빛을 주고받고 있다

영랑생가 살구나무가
영랑빌라 자두나무에게
앞으로 황금빛 열매 대신
자네처럼
자수정빛 열매를 낳고 싶은데
비결이 뭐냐고 묻는다

영랑생가 살구나무의 말에
영랑빌라 자두나무 역시
진즉 내가 묻고 싶었던 말을
영랑생가 자두나무가 먼저 한다며
앞으로 자수정빛 열매 대신에
황금빛 열매를 낳고 싶은데
비결이 뭐냐고 묻는다

둘 다 대답은 미루고

다 같은
해와 달 별빛을 챙기는데
왜 자수정빛 열매가 어김없이 태어나고
왜 황금빛 열매가 어김없이 태어나냐고
눈빛으로 의문을 제기한다

열매만 다른 게 아니라
꽃도
자주꽃은 눈처럼 하얗고
살구꽃은 벚꽃처럼 연한 분홍이냐며
계속 눈빛을 주고받는다

꽃이 만개한
영랑빌라 자두나무와
영랑생가 살구나무와
담장을 사이에 두고 눈빛을 주고받는데
사뭇 진지하다

왜 영랑은 영랑생가 사랑채에서 열린 시 창작대회에서 쓴 '모란이 피기까지는'이란 시를 손바닥에 비벼 쓰레기통에 던지려 했을까

물어보나 마나
말하나 마나
영랑의 마음에 들지 않은 것이다

달리 말하면
영랑의 마음에 차지 않은 것이다

영랑의 마음에 들지 않은 시가
영랑의 마음에 차지 않은 시가
춘원의 눈에 띄어
기사회생起死回生하는 바람에
교과서에 실려
인구에 회자하게 되다니

영랑의 마음에 들지 않은 이유를
영랑의 마음에 차지 않은 이유를
내가 안다고 하면
나보다 겸손하지 못하다 할 것이다

영랑의 마음에 들지 않은 이유를

영랑의 마음에 차지 않은 이유를
내가 내 나름대로 댔다간
명시를 흠집 낸다는 밀을 늘을 수 있으니
입을 봉해야 한다

독자인 내가 생각하는 이유와
저자인 영랑이 생각하는 이유가
같을 수도 있고
다를 수도 있다

물어보나 마나
말하나 마나
영랑의 마음에 들지 않은 건 사실이다,
좌우지간

영랑생가에서 나대고 설치는 이는 직박구리와 까치다

동백꽃과
살구꽃이 얼굴 내민
영랑생가에서 나대고 설치는 이는
직박구리와 까치다

동백꽃과 살구꽃을
직박구리와 까치가 가만두지 않나
직박구리와 까치를
동백꽃과 살구꽃이 가만두지 않나

동백꽃과 살구꽃을
직박구리와 까치가
직박구리와 까치를
동백꽃과 살구꽃이 서로 가만두지 않나

못 말리는
동백꽃과 살구꽃
못 말리는
직박구리와 까치

동백꽃과

살구꽃이 얼굴 내민
영랑생가에서 나대고 설치는 이는
직박구리와 까치라는 나의 생각을
직박구리와 까치가 받아들일지 의문이다

모란동백
  - 영랑생가에서

1

동백꽃은
모란과 눈빛을 주고받으려고
늦게까지 버티고

모란은
동백꽃과 눈빛을 주고받으려고
서둘러 나오고

2

동백꽃은
모란이 한 잎 한 잎 떨어지는 걸
이해를 못 하고

모란은
동백꽃이 모감지째 떨어지는 걸
이해를 못 하고

봄날 영랑생가에서
 - 모란동백

쪽쪽 쪽쪽 쪽쪽 쪽쪽 쪽쪽 쪽쪽

모란이 얼굴 내밀자
동백꽃이
동백꽃똥구멍쪽쪽빠는새인
나에게 신경을 덜 쓰는 걸 보면
동백꽃이 모란에게
콩깍지가 씌었다는 것이다

쪽쪽 쪽쪽 쪽쪽 쪽쪽 쪽쪽 쪽쪽

동백꽃뿐만 아니라
직박구리도
까치도
나에게 신경을 덜 쓰는 걸 보면
직박구리도
까치도 모란에게
뿅 갔다는 것이다

쪽쪽 쪽쪽 쪽쪽 쪽쪽 쪽쪽 쪽쪽

동백꽃이
모란에게
콩깍지가 씌었다고 해서
직박구리가
까치가 모란에게
뿅 갔다고 해서
질투할 내가 아니다

쪽쪽 쪽쪽 쪽쪽 쪽쪽 쪽쪽 쪽쪽

동백꽃이
모란에게
콩깍지가 씌인 것도 잠시이고
직박구리가
까치가
모란에게 뿅 간 것도 잠시인데
그것 하나 눈감아 주지 못한다고 하면
나보다 밴댕이 소갈머리라 할 것이다

쪽쪽 쪽쪽 쪽쪽 쪽쪽 쪽쪽 쪽쪽

모란이
동백꽃과
동백꽃똥구멍쪽쪽빠는새인
나 사이를 이간질하기 위해서
얼굴 내민 건 아니지만
결과가 그리된 건 사실이다

봄밤
  - 영랑생가에서

솟쩍 솟쩍 솟쩍 솟쩍 솟쩍 솟쩍

보은산 소쩍새가
영랑생가를 가만두지 않는다

솟쩍 솟쩍 솟쩍 솟쩍 솟쩍 솟쩍

동백꽃은
소쩍새가 울기 한참 전에 얼굴 내밀었고
모란은
소쩍새가 운 뒤에 얼굴 내밀었다

솟쩍 솟쩍 솟쩍 솟쩍 솟쩍 솟쩍

동백꽃이 얼굴 내민 건
소쩍새 울음소리와 무관하지만
모란이 얼굴 내민 건
소쩍새 울음소리와 무관하지 않다

솟쩍 솟쩍 솟쩍 솟쩍 솟쩍 솟쩍

동백꽃이 오래 버틴 건
소쩍새 울음소리와 무관하지 않을 뿐만 아니라
소쩍새 울음소리를 기점으로 얼굴 내민
모란하고도 무관하지 않다

솟쩍 솟쩍 솟쩍 솟쩍 솟쩍 솟쩍

동백꽃은
소쩍새 울음소리를 맛보기 위해서
이제까지 버티고,
모란은
소쩍새 울음소리를 만끽하기 위하여
소쩍새 울음소리를 기점으로 얼굴 내민 것이다

솟쩍 솟쩍 솟쩍 솟쩍 솟쩍 솟쩍

보은산 소쩍새가
영랑생가를 가만두지 않는다는
맞는 말이어도
영랑생가가
보은산 소쩍새를 가만두지 않는다는
맞지 않는 말이다

동백꽃과 모란이 나에게 속을 보이다
 - 영랑생가에서

쪽쪽 쪽쪽 쪽쪽 쪽쪽 쪽쪽 쪽쪽

동백꽃과 모란이 나에게 속을 보인다

쪽쪽 쪽쪽 쪽쪽 쪽쪽 쪽쪽 쪽쪽

동백꽃과 모란이
내 앞에서
서로 관심 없는 척하여도
그게 아니다

쪽쪽 쪽쪽 쪽쪽 쪽쪽 쪽쪽 쪽쪽

큰 나무에 작은 꽃인
동백꽃과
작은 나무에 큰꽃인
모란이 상대에게 끌린 것이다

쪽쪽 쪽쪽 쪽쪽 쪽쪽 쪽쪽 쪽쪽

모란을 내려다보는

동백꽃의 눈빛이 장난이 아니고
동백꽃을 올려다보는
모란의 눈빛 역시 장난이 아니다

쪽쪽 쪽쪽 쪽쪽 쪽쪽 쪽쪽 쪽쪽

서로 관심 없는 척하는
동백꽃과 모란이 나에게 속을 보여도
많이 보인다

모란과 동백
 - 영랑생가에서

어젯밤
모란도
동백도
보은산 소쩍새 울음소리 때문에
잠 못 이루었을 텐데
잠 못 이룬 티가 나지 않는다

모란이
동백이
보은산 소쩍새 울음소리에
잠 못 이룬 티가 나지 않았다고 해서
잠 못 이루지 않았다고 할 수 없다

모란이
동백이
보은산 소쩍새 울음소리에
잠 못 이루었어도
잠 못 이룬 티가 나지 않을 수 있다

모란이
동백이

잠 못 이룬 티가 난다고 해서
모란이
동백이 체면을 구기는 없을 것이지만
잠 못 이룬 티가 나지 않는 건
사실이다

모란은
동백은
나에 대하여 전혀 신경 쓰지 않는데
괜히 나만
모란과 동백을 가지고 몸살을 하는 것 같다

은행나무와 살구나무가 부동이화 중이다
  - 영랑생가에서

부동이화중인
은행나무와 살구나무가
서로 부러워는 해도 질투하지는 않는다

살구나무는
봄날 꽃으로
여름날 열매로 잘나가는 것으로
만족한다

은행나무는
가을날 이파리로 열매로
잘나가는 것으로
만족한다

재능이 다른
살구나무와
은행나무는
남의 재능까지 넘보지 않는다

살구나무에게 없는 게
은행나무에게 있고

은행나무에게 없는 게
살구나무에게 있다

부동이화중인
은행나무와 살구나무가
서로 부러워는 해도 시기하지는 않는다

영랑생가가 가을을 타다

부러울 게 없는
호화양장본 시집
영랑생가가 가을을 탄다

나 외에
영랑생가가 가을을 타는 걸
눈치챈 이가 있을까

영랑생가가
가을을 타는 걸
눈치채도
그걸 가지고
뒷담화하는 이는 없을 것이다

해와 달 별빛을 챙긴 게
들통나기 시작한
은행잎이
더 이상
해와 달 별빛을 챙기지 못하고
손을 놓기 시작하는 걸 보고
영랑생가가

가을을 타지 않고 배길 수 있겠는가

영랑생가가 가을을 타는 건
시심에 젖는 건데
시심에 젖는 것이
영랑생가 본연의 의무인데
영랑생가가 가을을 타지 않는 게
이상한 거지

부러울 게 없는
호화양장본 시집
영랑생가가 가을을 탄다

겨울 감나무
  - 영랑생가

감나무가
감잎은 하나도 남김없이 놔 버리고
감은 거의 다 붙들고 있다

무거운 건 끝까지 붙들고
가벼운 건 놔 버린 걸로 봐
붙들고
놔 버리는 게
무게가 이유가 아니다

해와 달 별빛을 제대로 챙기지 못한
감잎은 놔 버리고
해와 달 별빛을 제대로 챙긴
감은 붙들고 있는지
모른다

오자미만 한 주머니에 담긴 게
해와 달 별빛이라고
말할 수 있는 자는
누구인가

겨울이 깊도록
감나무에
직박구리와 때까치가
마음껏 드나들어도
감이 건재한 걸 보면
그것 또한 이상하다

감나무가
감잎은 하나도 남김없이 놔 버리고
감은 거의 다 붙들고 있다

시문학파기념관에 시꽃이 만발하다

시문학답사 일번지인
시문학파기념관에 시꽃이 만발하였다

한 시인이 피워낸 시꽃이 아니고
아홉 시인이 피워낸 시꽃이 의기투합하여
시문학파기념관은 시꽃밭이 되었다

시꽃의 향기가 진동하니
먼 걸음을 한 길들이
코를 킁킁거리며
시문학파기념관을 찾는다

낯익은 시꽃들 앞에서
추억을 되새김질하며
감상에 젖는
먼 걸음을 한 길들

시꽃들도
자신들에게 감동을 먹는
먼 걸음을 한 길들을
그냥 보내지 않는다

시문학답사 일번지인
시문학파기념관에 시꽃이 만개하였다

영랑생가와 시문학파기념관은 한통속이다

시문학의 성지인
영랑생가와
시문학답사일번지인
시문학파기념관이 서로 긴밀히 협조하고 있다

경향각지
먼 걸음을 한 길들이
영랑생가에 먼저 들르기도 하고
시문학파기념관에 먼저 들르기도 하는데
영랑생가와 시문학파기념관이
서로 눈빛을 주고받으며
먼 걸음을 한 길들에 대한 정보를 공유한다

나이로 따지면
시문학파기념관은
영랑생가의 손자뻘이나
영랑생가가 큰집이고
시문학파기념관은
작은집이라 해도
누가 이의를 달지 않을 것이다

누가 봐도
영랑생가와
시문학파기념관 둘의 관계는
업무상
동상이몽의 관계가 아니고
동병상련의 관계이다

나이 들어 힘이 딸린
영랑생가는
젊은
시문학파기념관으로부터
도움을 받을 수밖에 없다

시문학의 성지인
영랑생가와
시문학답사일번지인
시문학파기념관이 서로 긴밀히 협조하고 있는데
달리 말하면 둘은 한통속이다

눈 내리는 영랑생가

눈발이
장난이 아닌 날
비니와 마스크로 무장한 채
눈 내리는 영랑생가를 찾았다

눈을 뒤집어쓴 영랑생가가
눈만 내놓은 나를
못 알아볼 줄 알았는데
금방 알아본다

영랑생가가
평범하지 않은
나의 걸음걸이로
나를 알아보았을 수도 있다

오늘 같은 날
영랑생가가
청승맞은 나에게 보여주는 게
한두 가지가 아니다

처마의 얼음송곳인 고드름이

눈사람이 된 장독이
다 내려놓은 채 동면 중인
수목들이 나를 가만두지 않는다

영랑생가는
뭔가를 내세우지 않아도
뭔가를 내세운 이들보다
더 두드러진다

눈발이
장난이 아닌 날
비니와 마스크로 무장한 채
영랑생가를 만끽하고 있다,
혼자

눈 내리는 현구생가

쓸쓸함이 묻어 있는
눈 내리는
다시 태어난 현구생가의
마당의 숫눈을 짓밟지 않고서는
다시 태어난 현구생가와
눈빛을 주고받을 수 없다

찾는 이가 별로 없기에
시작에 몰두할 수 있겠다는 말을
뱉고 싶지 않은 것은
그 말을 뱉었다간
다시 태어난 현구생가의
상처가 덧나게 때문이다

이따금
나와 눈빛을 주고받는
다시 태어난 현구생가의 사유는
그 동안 얼마나 깊어졌을까

이제까지
다시 태어난 현구생가의 사유가 깊어진 것만큼
나의 사유는 깊어지고

나의 사유가 깊어진 것만큼
현구생가의 사유도 깊어졌을 것이다

오늘은
다시 태어난 현구생가와
니체의 '힘에의 의지'에 대하여
눈빛을 주고받을까 하다가
눈에 대한 시에 대하여
눈빛을 주고받기로 마음을 돌렸다

김광균의 '설야',
김수영의 '눈',
박용래의 '저녁눈',
로버트 프로스트의 '눈 내리는 숲가에 서서' 중에
다시 태어난 생가가 모르는 시가 있을까

쓸쓸함이 묻어 있는
눈 내리는
다시 태어난 현구생가의
마당의 숫눈을 짓밟지 않고서는
다시 태어난 현구생가와
눈빛을 주고받을 수 없는 게 문제다

다시 태어난 헌구생가가 코를 킁킁거리다

다시 태어난 헌구생가가 코를 킁킁거린다,
내 앞에서

사람을 앞에 두고
코를 킁킁거리는 것은 예의가 아니지만
나를 앞에 두고
코를 킁킁거리는
다시 태어난 헌구생가에게
예의가 없단 말을 뱉을 수가 없다

전염된 듯
다시 태어난 헌구생가만 코를 킁킁거리는 게 아니라
나도 코를 킁킁거린다

다시 태어난 헌구생가를 앞에 두고
코를 킁킁거리는 건
예의가 아닌데
다시 태어난 헌구생가를 앞에 두고
나도 코를 킁킁거리다니

내 몸에서 나는 것도 아니고

다시 태어나 현구생가의 몸에서 나는 것두 아닌 걸 보면
나로 하여금 코를 킁킁거리게 하고
다시 태어난 현구생가로 하여금 코를 킁킁거리게 하는
범인은 따로 있다

불쾌한 냄새 아닌
은은한 향기의 발원지를 찾아
코를 킁킁거리며 간다

다시 태어난 현구생가와 어깨동무한
담장 너머 남새밭 사과나무에
눈이 온 듯
사과꽃이 만발하였다

다시 태어난 현구생가와
나로 하여금
코를 킁킁거리게 한 범인은 바로
사과꽃이다

다시 태어난 현구생가와 내가 코를 킁킁거린다,
계속

다시 태어난 현구생가와 의기투합할 수밖에

니체에 꽂힌
다시 태어난 현구생가와
니체에 꽂힌 내가
의기투합할 수밖에

다시 태어난 현구생가와
니체에 대하여
눈빛으로
이야기를 주고받을 수 있는 이가
나 외에 또 누가 있을까

긍정적 허무주의자인
니체를
다시 태어난 현구생가도
나도 닮은 것을

위버멘쉬,
영원회귀,
힘에의 의지,
그리고 아모르 파티

다시 태어난 현구생가와
나의 운명의 지침을 돌려놓은
망치의 철학자
니체

니체에 꽂힌 나와
니체에 꽂힌
다시 태어난 현구생가가
의기투합할 수밖에

다시 태어난 현구생가에게 면목없다

다시 태어난 현구생가가
나에게 부탁한 걸
해내지 못해
다시 태어난 현구생가에게 면목없다

다시 태어난 현구생가가
나에게 부탁한 게
뭔가를 밝히면
다시 태어난 현구생가가 자신이 해야 할 일을
남에게 부탁했다고 비난을 받을 수 있으니
밝히고 싶지 않다

다시 태어난 현구생가도
자신이 나서는 게
껄끄럽다 생각되어 나서지 않은 것이니
이해가 가지 않는 건 아니다

다시 태어난 현구생가가
나에게 부탁하기 전에
불의를 보고 수수방관할 수 없어
총대를 멜 생각이었는데

다시 태어난 현구생가가
마치 나에게 부탁을 하기에 기꺼이 받아들인 것이다

다시 태어난 현구생가의 부탁을 들어주기 위하여
고군분투,
고군부투가 뭔말인가 입증할 정도로
고군분투하였으나
돌아온 건 허탈감뿐이다

뒤통수를 맞고도
내색을 않으며
훗날을 기약하며 물러서 줬는데
나중 형편이 더 나빠지다니

다른 건 몰라도
그거 하난 바로잡아 달라고
신신당부했는데……

나중 형편이 더 나빠진 걸 알면
다시 태어난 현구생가가
절규할 텐데

큰일이다

다시 태어난 현구생가가
나에게 부탁한 걸
해내지 못해
다시 태어난 현구생가에게 면목없다

더위가 품위에 앞서다

영랑생가가 품위를 잃을 정도로
더위먹었다

세계모란공원이 품위를 잃을 정도로
더위먹었다

강진시문학파기념관이 품위를 잃을 정도로
더위먹었다

더위가
품위에 앞선다

시문학답사일번지인 시문학파기념관이 혼잣말하다

아무래도 이상하다
아무래도 이상하다
아무래도 이상하다

이 정도는 아닌데
이 정도는 아닌데
이 정도는 아닌데

고액과외라도 받았나
고액과외라도 받았나
고액과외라도 받았나

일취월장도 유분수지
일취월장도 유분수지
일취월장도 유분수지

누군가에게 하청을 주었나
누군가에게 하청을 주었나
누군가에게 하청을 주었나

○까지 챙기다니

○까지 챙기다니
○까지 챙기다니

4부

모란다방

사라지지 말아야 할 모란다방이 사라졌다

강진은 영원히 지지 않는
모란인데
모란다방이 사라졌다

모란다방이 사라진 건
모란이 피었다 진 것과
다름없다

모란은 졌다가 다시 피는데
한번 사라진 모란다방은
다시 얼굴 내밀지 않는다

들어서면
「모란이 피기까지는」이
손님을 맞이하던
모란다방

사라지지 말아야 할 모란다방이 사라졌다

강진미술관은 물건이다

조선과
의기투합한
강진미술관은 물건이다

그냥
물건이 아니라
강진미술관은 물건 중의 물건이다

맨 처음
세종대왕과 의기투합한
강진미술관이
다산 정약용을 불러들인 걸

세종대왕과
다산 정약용만으론 만족하지 못한
강진미술관이
손병희,
성삼문,
김병연,
김정호,
정철까지 불러들인 걸

손병희,
성삼문,
김병연,
김정호,
정철이 마지못해
강진미술관과 함께한 게 아니고
기꺼이 함께한 걸

조선과
의기투합한
강진미술관은 물건 중의 물건이다

동광당

강진청춘극장통의 터줏대감인
동광당은
마음에 품은 뜻이 숭고하다

명동은
동쪽을 밝히는 것이지만
동쪽의 밝은 빛인
동광은
아침놀, 아침놀이다

긍정적 허무주의자인
니체,
니체를 생각나게 하는
아침놀

대를 이어
아침놀을 자처한
동광당이
시계와 동고동락한 세월이
반세기도 더 된 걸

나이, 나이들수록
무장무장
젊어지고 멋져지는
동광당

강진청춘극장통의 산증인인
동광당은
마음에 품은 뜻이 고귀하다

구강식당

삼양볼링장의 지나간 미래인
강진극장 건너편에
구강식당이 있었다

구강식당의
구강의 발원지가
구강포라는 걸
어린 내가 알 리가 없었다

구강식당의
다가온 과거가
다산책뺑이라는 걸 아는 이가
많지 않다

육십 년이 넘는
구강식당과
다산책뺑과의 사이에
뭐가 있었을까

구강식당이 애지중지한
용상이도

내년이면 고희에 이를 것이다

삼양볼링장의 지나간 미래인
강진극장 건너편에
구강식당이 있었다

탑동

탑동은
자부심이 대단할 것 같은데
티를 내지 않는다

강진군청을 두고 하는
말이 아니다

호화양장본시집인
영랑생가를 두고 하는
말이다

그냥
호화양장본시집이 아니라
칼라다

강진은
강진시문학파기념관과
세계모란공원이
앞에서 끌어주고
뒤에서 밀어주는
영랑생가를 중심으로 돈다

탑동이
우쭐댈 것 같은데
우쭐대지 않는다,
절대로

나의 유아기가 삼세의원에게 신세지다

나의 유아기가
다가온 과거가 삼세정인
삼세의원에게 신세를 졌다

삼세의원이 아니었더라면
나의 운명이
어떻게 됐을지 모를 정도로
많이 신세졌다

내가 지금
「나의 유아기가 삼세의원에게 신세지다」는
시를 쓰는 것을 비롯해
지금까지 두 발로 걸어 다니는 것도
다 삼세의원 덕이다

내가
내 유아기를 어떻게 아느냐고
내가 나에게 물을 필요가 없는 것은
어머니가 나에게
나의 유아기가
삼세의원에게 신세졌다고 말해 줘서다

입원실 초입에 커다란 새장을 거느려
환자는 물론
초등학생들의 눈을 호강시켜 준
삼세의원

나의 유아기가
다가온 과거가 삼세정인
삼세의원에게 신세를 졌다

평동이발관

평동이발관은 한겨레신문의 애독자다

한두 해도 아니고
여러 해도 아니고
십년 이상
한겨레신문과 동고동락하고 있다

부모형제
마누라와 자식들 빼놓고
가장 애지중지하는 게
한겨레신문이다

한겨레신문에 세뇌되었다고 해도
과언이 아니다

한겨레신문 하나만으로도
평동이발관의
머릿속에 뭐가 들어 있는지
그냥 알 수 있다

언제나

입을 열기보다
입을 닫고 있지만
평동이발관을 찾는 이들에게
한겨레신문을 내놓는 것 하나만으로
큰일을 하고 있다

한겨레신문의 애독자인 평동이발관은
생각이 틔였다

보리수식당

보리수 아래서
득도하기 전에는
자리를 절대로 떠나지 않겠다는
싯다르타를
보리수식당이 흠모한 게 분명하다

자신을 찾는 이들이
자신을 보리수 삼아
득도하고 떠나도록
보리수식당이 자리가 되어 주는데
몇이나 득도하고 자리를 떠나는지
궁금하다

득도한 지도 모르고
득도한 이가
보리수식당을 찾는 이들 중에 있고
득도 같은 건 아예 머리에 없고
자신의 입을 호강하게 하기 위해
보리수식당을 찾는 이도 있을 것이다

나처럼

득도가 따로 있는 게 아니라
입을 호강하게 하는 게 득도라며
육신이 허기질 때마다
보리수식당을 찾는 이도 있을 것이다

대를 이어
보리수식당이
싯다르타를 흠모하지 않으면
누굴 흠모하겠는가

보리수 아래서
득도하기 전에는
자리를 절대로 떠나지 않겠다는
싯다르타를
보리수식당이 흠모한 게 분명하다

호수공원은 신기한 보석상이다

강진의 저명인사인 다산과
의기투합한
호수공원은 신기한 보석상이다

군내버스 타고 지나가다 보면
반짝반짝 빛나는
보석이 얼굴 내밀었다가
신기루처럼
금방 사라진다

한 차례만 그런 게 아니라
매번 지나갈 때마다
보석이 얼굴 내밀었다가
사라진다

나에게
뭘 가르치려고
호수공원은
반짝반짝 빛나는 보석을
잠시 나에게 보여줬다가
바로 거두어 가버리나

이 세상의 모든 금은보화가
헛것에 불과하다는 걸
나에게 가르치려는 걸까

강진의 저명인사인 다산과
의기투합한
호수공원은 이상한 보석상이다

버버리깎음과 이야기를 나누려면 수화를 배워야 한다

구절초,
구절초로 도배한
버버리깎음과 이야기를 주고받으려면
수화를 배워야 한다

하루빨리 수화를 배워
버버리깎음과 소통을 해야겠다는 생각이
나의 뇌리를 때린 지 오래다

버버리깎음과
눈빛을 주고받는 것만으로
만족하지 못한 내가
수화를 배워야겠다 하면서도
수화를 배우지 못한 것은
두 집 내고 살려고 바동거리느라
정신이 없어서다

내가
버버리깎음과 소통을 하기 위하여
수화를 배울 생각을 한 것을
버버리깎음이

눈치챘을까,
눈치채지 못했을까

버버리깎음도
나와 눈빛을 주고받는 것만으로
만족하지 못하고
내가
하루빨리 수화를 배우기를 바랄까

버버리깎음이
나와 이야기를 주고받기 위하여
눈빛과 수화 외엔
다른 방법이 없는 게 문제다

구절초,
구절초로 도배한
버버리깎음과 이야기를 주고받으려면
모든 걸
버버리깎음에게 맞춰야 한다

군내버스

성전 강진간
군내버스가
의욕을 상실할까 무섭다

이따금
나를 제외하고
오르는 이도 없고
내리는 이도 없다

군내버스가
강진에서 출발할 땐
칼 같이
정해진 시간에 출발해도
여기저기 들렀다
강진으로 돌아갈 땐
성전에
정해진 시간에
얼굴 내민 적이 없다

군내버스가
정해진 시간에

얼굴 내밀지 않는다고
제시간에
얼굴 내미라고 닦달하는 이도 없다

찾는 이가 많지 않은
군내버스,
군내버스가
의욕을 상실하는 것을 넘어
자포자기할까 무섭다

사의재가 밤이 깊도록 엎치락뒤치락하다

강진의 저명인사인,
다시 태어난
사의재가
밤이 깊도록 엎치락뒤치락한다

동문매반가가 입양한
사의재가
밤이 깊도록 엎치락뒤치락하는 이유는

조선이 망한 지 언제인데
아직도
금부도사가 말을 타고 와
사약을 내미는 꿈을 꾸는가

이젠 상례연구로
밤을 세우지 않아도 되는 세상이기에
금부도사가 말을 타고 올까 봐
엎치락뒤치락하지는 않을 것이다

종일 손님 맞이하느라 지쳐
코 골고 자는

동문매반가 주모에게 딴생각을 품을 리가

사의재, 사의재가 이름값하느라
경향각지 먼 걸음을 한 길들 앞에서
자세를 똑바로 하느라
긴장하였다면
주모처럼 바로 곯아떨어질 텐데

사의재, 사의재가
가을을 탈 뿐만 아니라
가족 생각에 엎치락뒤치락하는데
내가 오해를 일삼는 건 아닌가

강진의 저명인사인,
다시 태어난
사의재가
밤이 깊도록 엎치락뒤치락한다

물과별 시선 24
늦봄문익환학교

1판 1쇄 인쇄일 ｜ 2025년 6월 5일
1판 1쇄 발행일 ｜ 2025년 6월 10일

지은이　　김재석
펴낸이　　신정희
펴낸곳　　사의재
출판등록　2015년 11월 9일　제2015-000011호
주소　　　목포시 보리마당로 22번길 6
전화　　　010-2108-6562
이메일　　dambak7@hanmail.net
ⓒ 김재석, 2025

ISBN 979-11-6716-113-0 03810

지은이와 출판사의 동의 없이 이 책의 내용 중 전체 또는 일부를 인용하거나 발췌하는 것을 금합니다.

값 12,000원